BEI GRIN MACHT SICH IHR WISSEN BEZAHLT

- Wir veröffentlichen Ihre Hausarbeit,
  Bachelor- und Masterarbeit

- Ihr eigenes eBook und Buch -
  weltweit in allen wichtigen Shops

- Verdienen Sie an jedem Verkauf

**Jetzt bei www.GRIN.com hochladen
und kostenlos publizieren**

Jan Brüggemann

Inklusion im Sportunterricht

Referatsausarbeitung zum Seminar "Erziehender Schulsport - Grundlagen und Gestalten"

GRIN Verlag

Bibliografische Information der Deutschen Nationalbibliothek:

Die Deutsche Bibliothek verzeichnet diese Publikation in der Deutschen National-
bibliografie; detaillierte bibliografische Daten sind im Internet über http://dnb.d-
nb.de/ abrufbar.

Impressum:

Copyright © 2011 GRIN Verlag GmbH
Druck und Bindung: Books on Demand GmbH, Norderstedt Germany
ISBN: 978-3-656-07267-6

GRIN - Your knowledge has value

Der GRIN Verlag publiziert seit 1998 wissenschaftliche Arbeiten von Studenten, Hochschullehrern und anderen Akademikern als eBook und gedrucktes Buch. Die Verlagswebsite www.grin.com ist die ideale Plattform zur Veröffentlichung von Hausarbeiten, Abschlussarbeiten, wissenschaftlichen Aufsätzen, Dissertationen und Fachbüchern.

Besuchen Sie uns im Internet:

http://www.grin.com/

http://www.facebook.com/grincom

http://www.twitter.com/grin_com

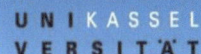

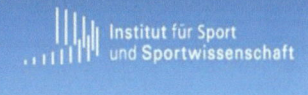

Institut für Sport und Sportwissenschaft

Inklusion im Sportunterricht

Referatsausarbeitung zum Seminar „Erziehender Schulsport – Grundlagen und Gestalten"

Jan Brüggemann

Universität Kassel
Semester: Sommersemester 2011

Inhaltsverzeichnis

1. Einleitung

„Integration war gestern, Integration ist out, Inklusion ist die wahre Integration" (Wocken, 2010, S. 207). Dieser Satz von Wocken stellt die neue Auffassung der Behindertenpädagogik dar, denn „seit der im März 2009 in Deutschland in Kraft getretenen UN-Behindertenrechtskonvention (BRK) ist der Begriff „Inklusion" [das entscheidende Kriterium des] Erziehungs- und Bildungssystem[s]" (Fediuk, 2011). Diese rechtsverbindliche Grundlage erfordert von den Schulen eine enorme Anstrengung, um Schülerinnen und Schülern (SuS) eine bestmögliche, gleichberechtigte Lernchance zu geben. Seit 1914 gab es eine stetige Entwicklung im Bereich der Akzeptanz gegenüber Menschen mit körperlicher/ geistiger Benachnteiligung. Diese Entwicklung findet, meiner Meinung nach, seinen vorzeitigen Höhepunkt in der Inklusion, weil zweifelsohne ein sozialer Umgang mit den Bereichen Toleranz, Hilfe, Kooperation und Kontaktfreude vorliegt und dieser als selbstverständlich erachtet wird.

2. Gegenüberstellung – Inklusion versus Integration
2.1 Definition von Inklusion

Der Begriff Inklusion hat seine Bedeutung aus dem lateinischen (inclusio bzw. vom Grundverb includere) und heißt „das Einsperren, Einschließung [oder auch] einfügen, einlassen, hineingeben" (Stowasser, Petschenig und Skutsch, 1994, S. 255). In der Behindertenarbeit wird dieser Begriff als Nicht-Aussonderung bzw. gesellschaftliche Zugehörigkeit aufgefasst. Dieser Begriff wird zum zentralen Leitgedanken in der vorschulischen, schulischen und nachschulischen Arbeit mit Menschen mit Behinderung. Die Inklusion gibt die Möglichkeit, dass sich Menschen mit Behinderung nicht abgegrenzt fühlen sollen, sondern sich am gesellschaftlichen Leben beteiligen und in einer vertrauten, natürlichen Lebenswelt aufhalten können. Menschen, mit und ohne Behinderung, sollte sich in unserer Lebenswelt wohlfühlen; dies kann durch eine Sensibilisierung der Gesellschaft für soziale Verantwortung geschehen. Mitmenschen müssen einen respektvollen Umgang im Miteinander erlernen und ein Gespür dafür entwickeln, was in verschiedenen Situationen unpassend ist (Theunissen, Kulig und Schirbort, 2007, S. 171 f.).

2.2 Unterschied zwischen Inklusion und Integration

Fediuk zitiert Wocken mit den Worten „Inklusion ist gleich bedeutend mit Integration" und „Inklusion ist mehr und anderes als Integration" (Fediuk, S. 5). Daraus folgt, dass Inklusion und Integration auf einer Ebene stehen, nach Wocken Inklusion aber eine Steigerung der Integration darstellt. Seit dem Ende des 19. Jahrhunderts wurden Kinder mit Behinderung in die Schulpflicht einbezogen und sie erhielten Zugang zur schulischen Bildung. Die folgenden drei Phasen der Behindertenpädagogik und -politik sind Qualitätsstufen, die eine Verbesserung innerhalb des Systems erzielen sollen. Die unterste Phase, die Separation, teilt SuS in zwei verschiedene Schulformen – Sonderschulen (Kinder mit Behinderung) und Regelschulen (Kinder ohne Behinderung). SuS mit und ohne Behinderung besuchen in der Phase der Integration gemeinsam eine Schulform, werden allerdings getrennt betrachtet. Die Phase der Inklusion beinhaltet, dass alle Kinder in einer Schulform zusammen lernen. Es findet keine Differenzierung in der Betrachtungsweise zwischen Kindern mit und ohne Behinderung statt. Das entscheidende Merkmal zwischen Inklusion und Integration ist dementsprechen die Betrachtungsweise des Menschen – Mache ich einen Unterschied zwischen Behinderung und Nicht-Behinderung (Fediuk, S. 5 f.)?

3. Gesellschaftliche Entwicklung zum Thema Behinderung

3.1 Ein fortlaufender Prozess des Verständnisses von Behinderung

Tiemann (2007) schrieb, dass die Anfangsjahre, für Menschen mit körperlicher Behinderung, im Bereich des Sports ihren Ursprung im Ersten Weltkrieg hatten, da hier zum ersten Mal Leibesübungen für Kriegsverletzte entwickelt wurden. Diese wurden 1918 in Brüssel als neue Therapieformen vorgestellt. Das Ziel dieser Therapie war die Behandlung von Kriegsverletzungen und ist in Lazaretten überwiegend angewendet worden. Die erfolgreiche Auswirkung der Leibesübungen im Lazarett sorgte dafür, dass diese 1943 in Rahmenlinien umgewandelt wurden. Die Lazarette hatten während des Ersten und Zweiten Weltkrieges die Möglichkeit,

> „Menschen auf Grund ihrer Kriegsverletzungen zu ‚Kriegsbeschädigten‘[,] zu ‚Krüppeln‘ [zu machen.] Mit diesen Bezeichnungen ging ein defizitärer [...] medizinischer Blick einher. [Zur Heilung] war der ‚Sport für Beschädigte‘ [in] medizinischen Einrichtung [vorgesehen]" (Tiemann, 2007, S. 178).

Ab 1945 kam es, auf Eigeninitiative der Betroffenen, zur Gründung von Sportgruppen, die sich einer dauerhaften und wachsenden Beliebtheit erfreuten. 1951 bildete sich deshalb die Arbeitsgemeinschaft Deutscher Versehrtensport und rückte das Schicksal und Defizit jedes einzelnen betroffenen Menschen mit Behinderung in den Mittelpunkt, um diesen Menschen ein Gefühl der Vollkommenheit zu geben. Ein Widerspruch kam von Seiten des Leistungssports, denn sie waren der Ansicht, dass Menschen mit körperlichen Defiziten nicht vollständig belastbar seien und dies nicht mit dem Spitzensport kompatibel wäre. Dennoch fanden ab 1960 regelmäßig die Paralimpischen Spiele statt. Im Jahr 1969 stieg die Zahl der Mitglieder mit körperlicher Behinderung ohne Kriegseinfluss. 1996 gab es eine Veränderung im Bewusstsein der Politik und im akademischen Umfeld, welches sich auch auf den Sport übertrug. Behinderte Menschen wurden als Sportler/innen bezeichnet. Im Jahr 2002 ist dann von Personen mit eingeschränkter Sportmöglichkeit die Rede. Bei den Winterspielen 2006 der Paralympics sagt Bundeskanzlerin Merkel, dass diese Spiele ein entscheidendes Sinnbild für Solidarität, Integration und Toleranz seien (Tiemann, 2007, S. 178-183).

4

3.2   1975: Europäische Charta 'Sport für alle'

'Sport für alle' oder 'Sports for All' ist eine 1975 breit angelegte Kampagne, die ein positives Bild für den Sport liefern sollte. An vier verschiedenen Stufen orientierte man sich: (1) Interesse zu wecken und Grundlagen zu vermitteln (foundation), (2) positiver Sporteffekt (participation), (3) Leistungsfähigkeit (performance), (4) Leistungssport (excellence). 1979 wurden mehrere Kampagnen gestartet, doch in Bezug auf das Thema Inklusion von Menschen mit Behinderung und der vier Stufen ist nur die Kampagne „Sport for All – Disabled People" (Hartmann-Tewes, 1996, S. 261) zu berücksichtigen. Hier wurden anlässlich des aufgerufenen Jahres der Behinderten durch die UNESCO Informationsveranstaltungen und Aktionen zur Integration mit Sportlern mit Behinderung gemacht und therapeutische und soziale Funktionen des Sports aufgeklärt. Die Nachwirkung war, dass ein/e jede/r ein Recht auf Sport hat und dies unmittelbar zum Sporttreiben im Freizeitbereich führt (Hartmann-Tewes, 1996, S. 259-263).

3.3   Problematik der Inklusion

Ein offenerer Zugang zum Sport durch vielfältige Angebote, durch Zuwachs der Sporttreibenden und durch Inklusion kann auch kontraproduktiv sein, da mehr Möglichkeiten zur sozialen Abgrenzung bestehen; ein Exklusionsprozess könnte die Folge sein. Unterschiedliche Auffassungen des modernen Sports in Bezug auf Wertvorstellungen lassen soziale Unterschiede entstehen. Die soziale Ungleichheit besteht in wirtschaftlichen Möglichkeiten, in Deutungs- und Wertmustern des Körpers, in der Kultur, in den sozialen Aufstiegschancen und den Einflüssen der eigenen Biographie mit dem Blick auf den Sport (Opper, 1998, S. 86-88).

4.   Ebenen integrativer Prozesse

Nach Scheid (2002) nimmt der Sportunterricht eine besondere Stellung innerhalb der Integrationsdebatte ein, weil dieser weniger reglementiert sei, als anderer Unterricht. Er führt dies in den Ebenen des integrativen Prozesses aus.
Die individuelle Entwicklung der SuS spielt hier eine entscheidende Rolle, denn alle, bis auf wenige Ausnahmen, werden zusammen unterrichtet. Der individuelle Leistungszuwachs ist in der motorischen Förderung gut möglich, so dass keine Nachteile für Einzelne entstehen (innerpsychische Ebene).
Die Beziehungen untereinander sollten ausgeprägt werden, so dass Freundschaften entstehen und Konflikte im geregelten Ablauf geschehen. Die Bereiche Kontaktaufnahme, Toleranz, Kooperation und Hilfeleistung stehen im Vordergrund und bauen gegenseitige Akzeptanz auf (interaktionale Ebene).
Der Sportunterricht sieht eine Öffnung vor, so dass SuS die Themen des Unterrichtes im wesentlichen Teil mitbestimmen und immer wieder Variationen

auftreten, die durch gegenseitigen Austausch – Lehrer und SuS – zu einer Vielfalt führen können (handlungsbezogene Ebene).

Die Sportlehrkraft sollte geeignete Rahmenbedingungen vorfinden, damit ein geregelter Sportunterricht absolviert werden kann und jede/r Schüler/in am Unterricht aktiv teilnehmen kann und nicht auf Grund einer körperlichen Behinderung eine passive Rolle einzunehmen hat. Jede/r hat ein Recht auf Sport (institutionelle Ebene).

Menschen mit körperlicher Benachteiligung sollten die freie Wahl haben, in welchem sozialen Umfeld zu sich aufhalten. Menschen mit und ohne Behinderung sind als gleichwertig anzuerkennen und es muss ein gegenseitiger Respekt vorhanden sein. Hier sind vor allem (Behinderten-) Sportverbände zum Informationsaustausch gefordert (gesellschaftliche Ebene).

Diese fünf Ebenen verdeutlichen, dass auf unterschiedliche Art und Weise etwas geschehen muss, um Integration zu ermöglichen. Ein erster Schritt zur Inklusion ist erreicht, sobald Voraussetzungen geschaffen sind und eine Toleranz vorherrscht gegenüber Menschen mit körperlicher Benachteiligung.

5. UN-Behindertenrechtskonvention

5.1 Erläuterung der Konvention

Die BRK sorgte für eine Veränderung im Bereich des inklusiven Bildungs- und Erziehungssystems. Die Heterogenität in den Schulklassen nimmt durch die rechtsverbindlichen Vorgaben des BRK noch stärker zu. Der Satz von Wocken (2010, S. 219) „Aus dem Wunsch nach Integration ist ein Recht auf Inklusion geworden" liefert einen passenden Einblick in die Artikel 24 und 30, die Fediuk passend zusammengefasst hat.

> „Im Artikel 24 wird das Recht von Menschen mit Behinderungen auf Bildung anerkannt [und] gleichberechtigt mit anderen in der Gemeinschaft [einen] integrativen, hochwertigen und unentgeldlichen Unterricht an [Schulen zu] haben. Im Artikel 30 [wird] eine gleichberechtigte Teilhabe von Menschen mit Behinderungen angestrebt[, damit diese] auf allen Ebenen [...] die Möglichkeit haben, behinderungsspezifische Sport- und Erholungsaktivitäten zu [machen. Dies bezieht sich auch auf den] schulischen Bereich" (Fediuk, S. 9 f.).

Diese beiden Artikel verdeutlichen die Schwierigkeit für Schulen, da jede Schule nun für eine behindertengerechte Ausstattung verantwortlich ist und weil es jedem Elternteil erlaubt ist, sein Kind auf eine Regelschule zu schicken (Fediuk, S. 1, 9 f.).

5.3 Folgen für den Sportunterricht

Der Schulsport befindet sich in einer stetigen Auseinandersetzung mit verschiedenen Aspekten, zu diesen zählt auch die Inklusion (Völkerrechtlicher Vertrag, Artikel 24 und 30). Der DOSB (Deutscher Olympischer Sportbund) versucht dieses System schon seid geraumer Zeit umzusetzen. Nun soll dies vor allem mit noch intensiverer Unterstützung des Deutschen Behindertensportverbandes geschehen. Hierzu sollen verschiedene Angebote existieren, bei denen sich Menschen mit Behinderungen Alternativen aussuchen können. Übertragen auf den Sportunterricht hat dies zur Folge, dass Sportlehrer/innen ein breitgefächertes Angebot liefern sollen, bei dem SuS mit Behinderung am Sportunterricht teilnehmen können und sie auch die Möglichkeit besitzen individuell gefördert zu werden (Fediuk, S. 7-11).

Eine Möglichkeit der Förderung bestehe vor allem dann, wenn man sich an den vier Differenzierungsprinzipien, die Scheid und Fediuk (2002) in dem Text „Menschen mit und ohne Behinderung gemeinsam im Sport" aufzeigen, orientiert: Das Handicap-Prinzip versucht Jedem/r die Chance zum Gewinnen zu ermöglichen, indem Veränderungen z.b. bei der Entfernung des Zieles vorgegeben werden. Das Präzisionsprinzip besagt, dass es z.b. beim Weitwurf eine Entfernung genommen wird, die jede/r einzelne Schüler/in erreichen kann und genau treffen muss. Das Risikoprinzip lässt SuS selber ihre eigenen Fähigkeiten erkennen und fordert diese gleichzeitig heraus, denn die eigene Zielvorgabe muss erreicht werden. Das Individualisierungs- und Mannschaftsprinzip erfordert eine gegenseitige Unterstützung und es wird die Leistung der Gruppe gewertet (Fediuk, 2002, S. 13 f.).

6. Fazit

Die Perspektiven und Aussichten auf eine Veränderung des Sportunterrichtes in Bezug auf das Thema Inklusion sehen gut aus. Dies lässt sich jedoch nicht in den kommenden zwei Jahren bewerkstelligen, da die Lehrkräfte nicht für einen solchen Vorgang ausgebildet wurden. Sie müssten sich dieses Wissen durch Eigeninitiative aneignen. Es ist demnach von enormer Bedeutung, dass die Schulen hierbei unterstützend zur Seite stehen. Nicht nur die Schulen sind gefordert, sondern auch alle Experten, die sich mit diesem Thema bereits intensiver auseinandergesetzt haben. Der DBS spielt hier eine entscheidende Rolle. Die Ausbildung der Lehrkräfte muss darauf abzielen, dass während des Studiums Schwerpunkte auf diesen Bereich gelegt werden, um im späteren Alltag auf diese Situationen vorbereitet zu sein und das gewisse Know-How zu besitzen.

Die gesellschaftliche Entwicklung hat sich, meiner Meinung nach, in eine sehr positve Richtung bewegt, da sich Schulen vermehrt für eine Integration (Behinderung, Imigration) einsetzen und dies als Vorbild für andere Institutionen wirkt. Der Aspekt der Inklusion befasst sich noch intensiver und verlangt eine Selbstverständlichkeit der Gesellschaft, was durch den offenen Umgang miteinander geschehen wird.

Ich bin fest davon überzeugt, dass dieses Gesetz den Schulen in dieser Zeit einen schwierigen Weg bereitet. Es wird für die Zukunft ein entscheidender Faktor sein, dass Hilfe, Toleranz und Akzeptanz das Miteinander prägen. Jede/r lernt diese Dinge am besten dann, wenn er sich tagtäglich hiermit auseinander zu setzen hat.

7. Literaturverzeichnis

Hartmann-Tews, I. (Hrsg.). (1996). *Sport für alle!? Strukturwandel europäischer Sportsysteme im Vergleich: Bundesrepublik Deutschland, Frankreich, Grossbritannien.* (Schriftenreihe des Bundesinstituts für Sportwissenschaft, 91). Schorndorf: Hofmann.

Fediuk, F. (2011). *Heterogenität und Inklusion im Sport - Entwicklungen und Perspektiven.* Zur Veröffentlichung eingereicht.

Opper, E. (1998). *Sport - ein Instrument zur Gesundheitsförderung für alle? Eine empirische Untersuchung zum Zusammenhang von sportlicher Aktivität, sozialer Lage und Gesundheit.* Aachen: Meyer & Meyer.

Scheid, V. & Fediuk, F. (2002). Menschen mit und ohne Behinderung gemeinsam Sport. In G. Doll-Tepper & V. Scheid (Hrsg.), *Facetten des Sports behinderter Menschen. Pädagogische und didaktische Grundlagen.* (*S. 279-314*) Aachen: Meyer & Meyer.

Stowasser, J. M., Petschenig, M. & Skutsch, F. (1998). *Stowasser. Lateinisch-deutsches Schulwörterbuch* (Aufl. 1994). München: R. Oldenbourg.

Theunissen, G. (2007). Inklusion, Inclusion. In G. Theunissen, W. Kulig & K. Schirbort (Hrsg.), *Handlexikon geistige Behinderung. Schlüsselbegriffe aus der Heil- und Sonderpädagogik, sozialen Arbeit, Medizin, Psychologie, Soziologie und Sozialpolitik* (S. 171 f.). Stuttgart: Kohlhammer.

Tiemann, H. (2007). Die Konstruktion von Behinderung im und durch den Sport: Von historischen Entwicklungen zu aktuellen Analysen. In H. Tiemann, S. Schulz & E. Schmidt-Gotz (Hrsg.) *International, Inklusiv, Interdisziplinär. Perspektiven einer zeitgemäßen Sportwissenschaft. Festschrift für Gudrun Doll-Tepper* (S. 175-184). Schondorf: Hofmann.

Wocken, H. (2010). Integration & Inklusion. Ein Versuch die Integration vor der Abwertung und die Inklusion vor Träumereien zu bewahren. In A.-D. Stein, S. Krach & I. Niediek (Hrsg.), *Integration und Inklusion auf dem Weg ins Gemeinwesen. Möglichkeitsräume und Perspektiven* (S. 204-234). Bad Heilbrunn: Klinkhardt.